05/12.- €

Elli Michler

Danke für die Zeit zum Leben

Don Bosco

Bibliografische Information der Deutschen Bibliothek

Die Deutsche Bibliothek verzeichnet diese Publikation in der Deutschen Nationalbibliografie; detaillierte bibliografische Daten sind im Internet über http://dnb.ddb.de abrufbar.

2. Auflage 2005 / ISBN 3-7698-1258-1
© 2000 Don Bosco Verlag, München
Umschlag: Margret Russer
Fotos: Barbara Michler, Heilbronn
Gesamtherstellung: Don Bosco Grafischer Betrieb, Ensdorf

Gedruckt auf umweltfreundlichem Papier.

Inhalt

Einführung 8

Danke für die Zeit zum Leben 10
Vom Göttlichen berührt 11
Träumen dürfen 12
Bewußt leben 13
Entdeckung 14
Bescheidene Vorsätze 15
Reifen 16
Philosophieren 18
Im Lebensfluß 19
Lob des Regens 20
Zeit zum Zufriedenseinkönnen 22
Im Vertrauen 23
Versöhnt 24
In Begleitung 25
Den Müttern 26
Schritt für Schritt 27
Verstehen lernen 28
Vor Ostern 30

Feiertag 31
Lebensbejahung 32
Beschränkung 34
Sommerliche Fülle 35
Viel verlangt 36
Heimkehr 38
Wundersame Heilung 39
Hingebung 40
Eigene Beteiligung 42
Grund zur Freude 43
Das Einfache ist das Schwierige 44
Vom Segen der Bücher 46
Erkenntnis 47
Stoßgebet 48
Weg und Geleit 49
Für N. 50
Bitte um Verständnis 51
Gelten lassen 52
Hoffnung auf Besserung 53
Notwendige Gegensätze 54
Nächtliche Fürbitte 55
Meditation 56
Späte Einsicht 57
In sicherer Hut 58
Nützliche Belehrung 59
Standfest 60

Gipfel-Erlebnis 61
Rückbesinnung 62
Einwilligung 63
Vor dem Jahreswechsel 64
In Demut 65
Gebet um Frieden 66
Allgegenwärtig 67

Einführung

Das vorliegende Buch ist über einen längeren Zeitraum gewachsen als Reaktion auf die außergewöhnliche Resonanz, die das Gedicht „Ich wünsche dir Zeit" aus meiner Wunschgedichtsammlung „Dir zugedacht" (Don Bosco Verlag, 19. Auflage) erfahren durfte. In wenigen Jahren nahm dieser Text seinen Siegeszug durch die halbe Welt, wurde in allen deutschen Rundfunksendern und im Fernsehen mit jeweils enormem Echo gesendet und in zahllosen Zeitungen, Zeitschriften, Kalendern, Unterrichtswerken und Büchern aller Art nachgedruckt. Er ist bereits mehrfach vertont worden. Auf riesigen Postern hängt er an den Wänden von Kliniken, Altenheimen, Autobahn-Raststätten oder an Kirchenportalen. Und immer noch zirkuliert er tausendfach durch briefliche oder mündliche Weitergabe …

Die Überlegung drängte sich auf: Was ist der Grund für die Faszination, die dieser Text auf so viele Menschen auszuüben vermag?
Freilich: In unserer hektischen Gegenwart, in der die Zeitnot zu einem bedrückenden, scheinbar unlösbaren Problem geworden ist, scheint es die tiefste Sehnsucht der Menschen zu sein, mehr Zeit zu haben zum Leben.

Ist nicht aber doch auch für viele dieser Wunsch nach mehr Zeit Ausdruck ihrer Unzufriedenheit und ihres

Anspruchdenkens, das der Wohlstand hervorgebracht hat? Leiden wir nicht, während wir den rechten Umgang mit unserer Zeit verlernt haben, vor allem an der mangelnden Wahrnehmung jener wunderbaren Fülle an Zeit, die dem Menschen mit jeder Stunde geschenkt ist, in der er sein Leben bewußt und sinnvoll zu gestalten versteht?

Bei meinem Versuch, der Klage über den Mangel an Zeit eine tief empfundene Dankbarkeit für das Gottesgeschenk „Zeit zum Leben" entgegenzuhalten, sind mir die Texte dieses Buches, die eigentlich nur Gedichte werden sollten, unversehens zu kleinen Gebeten geraten, zu einfachen Gesprächen im Alltag mit einem uns Menschen reich beschenkenden und liebenden Gott.

E. M.

Danke für die Zeit zum Leben

Lieber Gott, du mußt verzeihn
und dein Ohr mir gnädig leihn!
Mein Bedürfnis, dir zu danken –
ich gesteh's – kennt keine Schranken:

Danke für den heut'gen Tag!
Wie er auch gelingen mag,
ist's ein Tag aus deinen Händen,
und ich will ihn gut beenden.

Danke für den Stundenschlag,
der den Tag trennt von der Nacht,
wenn ich alle Müh' und Plag'
redlich hinter mich gebracht.

Danke für die Jahreszeit!
Ob es regnet oder schneit,
oder ob die Sonne lacht,
alles schenkt Geborgenheit,
was von dir so wohlbedacht.

Danke für das Flügelheben,
das mich in den Traum entschweben
läßt oft himmelweit,
danke für die Zärtlichkeit,
danke für die Zeit zum Leben!

Vom Göttlichen berührt

Herr, zur frühen Morgenstunde,
wenn wir schau'n zum Himmel auf,
gibt die Sonne von dir Kunde,
denn du lenkst ja ihren Lauf.

Auch des Nachts bis in den Traum
läßt du dich von uns erahnen,
zieht der Mond im Sternenraum
seine vorgegebnen Bahnen.

Alles zeugt von deiner Kraft:
Wolken, Meer und Himmelsweiten,
Großes, das wir gleichnishaft
als das Göttliche uns deuten.

Wenn du, Herr, den Weg uns weist
durch dein treues Führen,
wird uns das, was Liebe heißt,
lebenslang berühren.

Träumen dürfen

Lieber Gott, welch schöne Träume
hast du mir beschert heut' Nacht!
Rund um deine Mantelsäume
wuchsen Blumen voller Pracht,
und in Sonne, Stern und Mond
hat ein strahlend Licht gewohnt.
Auch ein schimmernd blauer See
hat mir freundlich zugelacht.
Und ich spürte deine Näh'
selbst noch, als ich längst erwacht.
Laß mich schauen solche Träume
noch recht oft als Trost im Leid!
Leichter dann ertrag' ich meine
oft recht rauhe Wirklichkeit.

Bewußt leben

*Lieber Gott, die Wolken ziehen
leicht und obenhin.
Ihr Entschweben, ihr Entfliehen
trübt bisweilen meinen Sinn.
Doch ich bin voll Dankbarkeit,
nehm's gelassen hin,
gabst du mir doch meine Zeit –
und ich leb' bewußt darin.*

Entdeckung

Lieber Gott, ich hab entdeckt,
welche Kraft noch in mir steckt:
Hab das Auto stehen lassen,
kann mich nun so recht befassen –
da der Blick mir unverstellt –
mit der Schönheit deiner Welt:
Wandre hin, die Augen offen,
von der Freude tief getroffen,
daß sich plötzlich offenbart
die mir unbekannte Fülle
einer neuen Lebensart.
Um mich her wird's langsam stille.
Wenn ich auf zum Himmel schau,
grüßt er mich, strahlt weiß und blau.
Unter mir zirpt leis die Grille.
Fern vom Rausch der Autobahnen
find' ich den verlornen Sinn
und darf endlich wieder ahnen,
daß ich Teil der Schöpfung bin.

Bescheidene Vorsätze

Lieber Gott, du möchtest wissen,
wie mein Plan für morgen ist?
Sollst nicht lange warten müssen,
hab' mein Fähnlein schon gehißt:

Erstens such' ich zu vermeiden,
daß die Menschen durch mich leiden,
zweitens will ich wenig schwätzen,
möglichst niemanden verletzen,
will mir Fehler eingestehn,
die der andern übersehn,
will mich nach dem Käfer bücken,
der in Not geraten ist,
meinen Dank zum Himmel schicken,
daß du, Herr, so freundlich bist.

Reifen

Lieber Gott, aus welchem Holz
hast du mich wohl einst gemacht?
Fragt mich einer, sag ich stolz:
So was wächst nicht über Nacht.
Jedes Blühen, jedes Reifen
braucht erst eine gute Zeit.
Bis man gegen Sturm gefeit,
gilt's den Kompaß zu begreifen,
richtunggebend, himmelweit.
Viel Erfahrung muß man machen,
manche Tugend ist zu üben,
und vor allen andren Sachen
muß man stets das Leben lieben.

Philosophieren

*Lieber Gott, die Menschen plagen
sich mit Zweifeln und mit Fragen:
Sag, wie steht's mit unsrem Leben,
was bestimmt wohl seinen Lauf,
ist er von Natur gegeben,
haben Einfluß wir darauf?
Treibt uns vorwärts nur der Wind
oder ist es vorbestimmt,
Schicksal, das uns überrollt,
Zufall oder gottgewollt?*

*Alles hab ich recht erwogen
und daraus den Schluß gezogen:
Ja, es fällt uns vieles zu.
Doch wer stets in großer Ruh'
dieses Zufalls Richtung lenkt,
uns auch noch damit beschenkt,
lieber Gott, das bist nur du!*

Im Lebensfluß

*Lieber Gott, auf manche Weise
hältst du täglich uns in Schwung.
Leben ist Entdeckungsreise,
sie entfacht Begeisterung.*

*Aber auf der andren Seite
werden wir auch umgetrieben,
droht Gefahr um Haaresbreite.
Oft ist's schwer: das Leben lieben.*

*Manche sehn die Abwechslung
gar nicht gerne, lieber Gott,
doch das Herz bleibt dadurch jung,
fällt nicht in den alten Trott.*

Lob des Regens

*Lieber Gott, es kann nicht immer
nur die Sonne für uns scheinen.
Auch im Regen glänzt ein Schimmer,
wenn er hüpft auf Pflastersteinen
oder tropft herab vom Dach,
wenn er perlt an Fensterscheiben
und sich senkt hinab zum Bach,
seinen Lauf voranzutreiben.
Wenn er still auf seiner Reise
Rast macht zwischen Baum und Strauch,
lieb' ich ihn auf gleiche Weise,
Herr, wie deine Sonne auch!*

Zeit zum Zufriedenseinkönnen

Lieber Gott, uns fehlt die Zeit,
seufzen wir in Hast und Eile.
Wer ist heute noch bereit,
daß er sie mit andern teile?

Lieber Gott, die Zeit verstreicht,
fängt an, knapp zu werden.
Keinen wüßt' ich, dem sie reicht,
seine Zeit auf Erden.

Lieber Gott, uns fehlt die Zeit,
kommt der Schrei aus allen Enden,
stell uns mehr davon bereit,
gib mit vollen Händen!

Herr, laß deinen weisen Schluß
alle Menschen hören:
Daß es anders werden muß,
aber nicht durch Zeit-Vermehren!

Hast du doch zum Leben jedem
wirklich Zeit genug gegeben!
Wer sie nützt und teilt gut ein,
kann damit zufrieden sein.

m Vertrauen

Wenn ich morgens mich erhebe
und im Herzen fröhlich bin,
wenn ich fühlen darf: ich lebe –
und mein Tageslauf bringt Sinn,
sollst du wissen, Herr, ich gebe
mich in Dankbarkeit dir hin.
Alle Tage dank' ich dir
für des Lebens bunten Lauf.

Abends schließ' ich meine Tür,
früh am Morgen wieder auf.
Und dazwischen, treu ergeben,
nütz' ich meine Zeit zum Leben,
tu', was du von mir verlangst,
hab Vertrauen statt der Angst,
weiß mich frei von Lug und Trug
und laß Frieden um mich sein.
Kleines ist mir groß genug,
meines Lebens mich zu freun.

Versöhnt

Herr, du hast von Anbeginn
den Ereignissen im Leben
zwei Gesichter mitgegeben.
Eines zeigt zum andern hin:
Hier das Gute, dort das Schlechte,
schwer zu finden das Gerechte.
Schließlich ließest du mich wagen,
Gegensätze zu ertragen:
Alles ineinanderfließt,
wie du es, o Herr, beschließt.
So ist alles anzunehmen,
ob mit Lachen, ob mit Tränen,
daß kein Tag mich mehr verdrießt.

In Begleitung

*Lieber Gott, ich mußte heute
ganz allein spazierengehn.
Doch ich merkte bald voll Freude,
ganz allein ist's nicht geschehn:*

*Wo die Vögel munter sangen
in den Zweigen, grün behangen,
wo aus Wiesen, duftend frisch,
bunte Blumen fröhlich winkten,
überm See mitsamt dem Fisch
Sonnenstrahlen schaukelnd blinkten,
wo der Wind strich, stolz und frei:
Überall warst du dabei!*

en Müttern

*Lieber Gott, du hast die Mütter
deinen Engeln gleichgestellt,
läßt sie weben an dem Gitter,
das das Böse von uns hält.
Ihre Lieder, die sie leise
im Verborgnen dazu singen,
haben eine schöne Melodie.
Jedem auf die eigne Weise
laß sie tief in uns erklingen,
lieber Gott, und segne sie!*

Schritt für Schritt

Herr, wir haben es versäumt,
dir im Glück zu danken,
weil wir uns zuviel erträumt,
nun erfahren wir die Schranken.

Jeder Dank und jede Bitte
bringen uns nun Stück um Stück
mit der Kraft der kleinen Schritte
auf den Weg zu dir zurück.

Verstehen lernen

Herr, so ist es nun auf dieser Welt:
Immer sind den jungen Leuten
alte Leute zugesellt.

Junge wollen nicht begreifen,
daß die Alten auch die Reifen
und die längst Erfahrnen sind,

und die Alten, reich an Jahren,
daß sie auch einst Junge waren
und so stürmisch wie der Wind.

Erst wenn beide sich verstehen,
in die gleiche Richtung gehen,
ob erwachsen, ob als Kind,
laut und leise,
klug und weise,
wird dein Wille, Herr, geschehen.
Eine gute Zeit beginnt.

or Ostern

*Lieber Gott, laß Knospen sprießen,
zart an dem Forsythienstrauch,
weck' die Veilchen uns zu Füßen
durch den ersten Frühlings-Hauch.*

*Lieber Gott, laß auf den Weiden
fromme Lämmer friedlich gehen
und uns von den Winterleiden
endlich einmal nichts mehr sehn.*

*Laß uns öffnen alle Türen,
längst sind wir empfangsbereit,
laß uns in der Seele spüren
Freude auf die Osterzeit!*

Feiertag

Lieber Gott, ich überlege:
Bin ich auf dem rechten Wege?
Schmetterlinge, kleine, weiße,
tanzen durch die Luft leichthin,
auch die kecke blaue Meise
stellt nicht immerfort
schwere Fragen nach dem Sinn.
Blume blüht und Wiese duftet.
Soll der Mensch nur dann allein,
wenn er pausenlos geschuftet,
mit sich selbst zufrieden sein?
Herr, du weißt, daß Müh' und Plag'
täglich mich begleiten,
aber heut' ist Feiertag!
Er gehört uns beiden.

Lebensbejahung

Lieber Gott, ich hab das Nein
aus meinem Wörterbuch gestrichen.
Ich sage JA zu meinem Sein,
bin seitdem froh und ausgeglichen.

Ich sage JA zu dem Geschenk des Lebens
und fühl' mich sicher, stark und frei.
Ich spür' die Kraft des Flügelhebens,
bin fern von jeder Grübelei.

Ich sage JA beim stolzen Aufrechtgehn,
beim Sich-in-Demut-Beugen,
kann manchem Unheil widerstehn,
darf Freude offen zeigen.

Und wer das JA so spricht wie ich
und wem es wirklich wesentlich,
mit jenem will im Liebesreigen
ich leben, lachen, reden, schweigen.

Beschränkung

Lieber Gott, gib mir vom Glück
bitte nur ein kleines Stück,
daß ich es auch tragen kann;
sonst fängt bald das Unglück an.

Schenk mir nur in deiner Güte
täglich eine zarte Blüte,
die du aber gut versteckst,
während sie ganz heimlich wächst,
bis ich sie selbst finden werde.
Im Erkennen liegt das Glück der Erde.

Sommerliche Fülle

Es sind, o Herr, nicht nur die Rosen
mit ihrem Farbenspiel voll sanfter Glut,
auch die bescheidnen und bedürfnislosen,
die wir die kleinen Wiesenblumen nennen
und deren Namen wir oft gar nicht kennen,
tun unsrer Seele so unendlich gut.
Ob weiß, ob gelb, aus deiner Hand gestreut
in unsre unheilvolle Welt,
so leuchten sie als Hoffnungslichter weit und breit
auch aus dem kleinsten grünen Feld.
Wir nehmen sie beglückt entgegen
in all ihrer Bescheidenheit
als den von dir empfangnen Segen,
als Teil der Sommerseligkeit.

Viel verlangt

Lieber Gott, ich will's probieren –
leicht wird es bestimmt nicht sein –,
die Geduld nicht zu verlieren
und den Mut noch obendrein,

meine Kräfte leihn den Schwachen,
alles Böse gern verzeihn
jenen, die stets Unfug machen.
Zu den Lauten, die gern schrein,
sanftmütig und leise sein!

Laß mich, Herr, ein wenig lachen,
muß am Ende denken schier:
Lieber Gott, willst du aus mir
einen reinen Engel machen?

Heimkehr

*Herr, du hast vor manchen Stürmen
schon getreulich mich bewahrt,
stets auf Wacht, mich zu beschirmen,
wenn es ging auf große Fahrt.*

*Endlich bin ich heimgekehrt,
Herr, in deinen Hafen.
Hab nicht lange aufbegehrt,
spür die Sehnsucht,
tief zu schlafen.*

*Wünsche brauchen sich nicht mehr
so wie damals zu erfüllen.
Hoch vom Leuchtturm über'm Meer
strahlt das Licht nach deinem Willen.*

Wundersame Heilung

Lieber Gott, ich war so krank,
nahm die Tropfen aus dem Schrank,
die der Doktor mir verschrieb,
aber meine Krankheit blieb.
Nahm das Pulver, trank den Tee,
doch verließ mich nicht mein Weh.
Schließlich blies ein Musikus
zart und schön wie selten.
Heilung kam zum guten Schluß
mir aus andren Welten.
Schicktest mir, o Herr, das Schöne
in Gestalt der reinen Töne.
Hast ein Wunder wahrgemacht,
als du die Musik erdacht!

Hingebung

Lieber Gott, ich danke dir
für die Stunde am Klavier,
für den Nachmittag mit meiner Flöte.
Die Musik verscheucht in mir
alle meine Nöte.
Bin dann ganz mit dir allein
in dem Zauberreich der Töne,
lass' sonst nichts zu mir herein.–
Wenn ich so den Tag mir kröne,
läßt du, Herr, mich glücklich sein.

Eigene Beteiligung

*Lieber Gott, dem Erdenraum
gabst du gar zu enge Seiten.
Doch in meinem Menschentraum
darf ich ihn mir weiten:
Im Durchdringen, im Erneuern
ist die Rettung anzusteuern,
darf durch Kunst und Wissenschaft
beteil'gen mich mit eigner Kraft
an der Schöpfung, dir zur Seite,
auf dem Weg, den ich beschreite,
darf dich loben durch mein Singen,
weiß, du läßt mein Lied gelingen.*

Grund zur Freude

Lieber Gott, die großen Werke
sind zwar meine Sache nicht,
dazu hast nur du die Stärke,
was du tust, fällt ins Gewicht.
Doch von kleinerem Gelingen
darf auch ich bisweilen singen.
Fragst du, was ich damit meinte?
Hab' ich's doch zustandgebracht,
daß ein Mensch, der gestern weinte,
heute endlich wieder lacht!

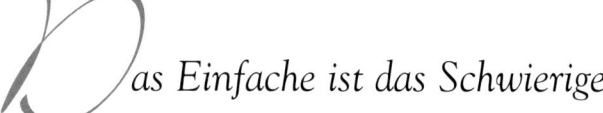

Das Einfache ist das Schwierige

Lieber Gott, du weißt so viel,
lehrst mich auch den rechten Stil:
Nicht bombastisch, nicht phantastisch,
nicht pathetisch soll er sein,
nicht geschraubt und unnatürlich,
auch verziert nicht ungebührlich,
er soll einfach und allein
durch Zurückhaltung erfreun.

Lieber Gott, so schlicht und echt
hast du dir das ausgedacht;
doch vielleicht hast du erst recht
mir's damit nun schwergemacht.

Vom Segen der Bücher

Lieber Gott, hab Dank dafür,
daß, um oft hineinzusehn,
viele Bücher um mich stehn.
Worte, Bilder und Zitate
zieh' ich oft und gern zu Rate:
Stories aus der Weltgeschichte,
Märchen, Fabeln und Gedichte
stärken, wie du sicher weißt,
meinen oft recht schwachen Geist.
Doch vor allen diesen Dingen
stehn auch Liederbücher da.
Fang' ich an, o Herr, zu singen,
bist du meinem Herzen nah.

Erkenntnis

*Lieber Gott, wie weit entfernt
bin ich von der Lebensmitte!
Weiß jetzt, wie man beten lernt:
Dank ist es und weniger Bitte.*

Stoßgebet

*Lieber Gott, ich will dir schwören:
Keine Klage wirst du hören,
nur ein Seufzer soll es sein.
Gelt, den wirst du mir verzeihn!*

Weg und Geleit

*Lieber Gott, als deine Jünger
sind wir zwar in sichrer Hut,
trotzdem tut dein Zeigefinger
uns bisweilen noch recht gut,
wenn er uns die Richtung weist
durch dein strenges Führen.
Doch wenn wir den Weg verlieren,
wenn der Sturm den Steg zerreißt,
wenn der Nebel fällt ins Land,
hilft uns nicht dein Zeigefinger,
brauchen wir die ganze Hand:
Finger, die sich zärtlich fügen
zu der sanften Form der Höhle,
während wir uns in sie schmiegen,
Trost empfangen für die Seele.*

Für N.

*Herr, es gibt so viel zu bitten,
heut bitt' ich nicht für mich:
Einem Freund, der viel gelitten,
zeig dich bitte gnädiglich.
Gib ihm Hoffnung, schenk ihm Kraft,
daß er es noch einmal schafft,
gib ihm Trost und neuen Mut,
daß er sich gerettet fühlt,
nimm ihn fest in deine Hut,
daß sein Spiel nicht ausgespielt,
daß er – wieder auf den Füßen –
dir von Herzen danken kann.
Lieber Gott, er läßt dich grüßen,
ist ein wirklich braver Mann.*

Bitte um Verständnis

*Lieber Gott, du wirst sie rügen,
die sich gegenseitig nur betrügen
oder Masken tragen vorm Gesicht,
schmeicheln, heucheln, lästern, lügen –
und sie schämen sich gar nicht.*

*Zürne ihnen nicht zu sehr!
Haben sie's doch manchmal schwer,
sind oft selbst von Angst getrieben.
Mußt auch diese Sünder lieben.
Führe sie vom Falschen, Schlechten
hin zum Ehrlichen und Echten!
Und sofort sind sie geheilt,
wenn dein Geist bei ihnen weilt.*

Gelten lassen

Herr, du mußt die Menschen lehren,
erst einander zuzuhören,
jeden Standpunkt zu verstehn,
eh' sie auseinandergehn.
Leichter wird es dann gelingen,
bis zur Wahrheit vorzudringen,
sie zu hegen und zu pflegen,
ohne rasch gezognen Degen,
bis Erkenntnis winkt als Lohn.
Lieber Gott, du schaffst das schon!

Hoffnung auf Besserung

*Lieber Gott, auf dieser Erden
sollte vieles anders werden.
Jeder sagt es jeden Tag.
Keiner ist, der es vermag,
selber rasch ans Werk zu gehn.
Und so bleibt es ungeschehn,
daß es besser wird auf Erden,
daß die Menschen Menschen werden,
so wie sie von dir erdacht.
Unsre Sehnsucht zu erfüllen,
fehlt es nicht an gutem Willen.
Wird er je zur Tat gebracht?
Lieber Gott, gib du im stillen
sorgsam auf uns Menschen acht!*

Notwendige Gegensätze

*Lieber Gott, du hast ganz sicher,
als du Mann und Weib gemacht,
dir dabei etwas gedacht.*

*Frau und Mann sind unterschiedlich.
Und so sollten sie auch sein:
sich ergänzen möglichst friedlich,
aneinander sich erfreun.*

*Wenn ein Mann, der ehrlich ist,
eine liebe Frau vermißt,
wünscht er sich wohl insgeheim:
herrlich fraulich soll sie sein.*

*Stellt die Frau, kommt's darauf an,
außerdem noch ihren Mann
und besitzt sie Qualitäten,
die in unsrer Zeit vonnöten,
lieber Gott, dann freu dich dran!*

Nächtliche Fürbitte

Lieber Gott, ich kann nicht schlafen,
bin noch voller Traurigkeit.
Jeder sucht den Weg zum Hafen,
vielen scheint er noch recht weit.
Manchen fehlt die warme Kammer,
anderen ein guter Freund.
Jeden drückt sein eigner Jammer.
Hilf, daß abends keiner weint!

Meditation

*Herr, die Zeiten anzuhalten,
liegt nicht in des Menschen Kraft.
Doch bisweilen abzuschalten,
ist etwas, das jeder schafft:
Wenn er, was ihn sonst verdrießt,
von sich weist für ein paar Stunden
und ganz still die Augen schließt,
bis er sich in dir gefunden,
fließt ihm neue Kraft hinzu,
lieber Gott, aus deiner Ruh.*

*Tief darf er den Atem spüren,
den du ihm gegeben hast,
braucht den Mut nicht zu verlieren,
von ihm schwindet alle Last.
In sich selbst darf er erfahren –
bald ist er darin geübt –
Göttliches im Unsichtbaren,
wenn er neu das Leben liebt.*

Späte Einsicht

Lieber Gott, es ist nicht leicht,
deinem Willen sich zu fügen.
Hab es manchmal nicht erreicht.
Eigensinnig wollen fliegen
meine Pläne hoch hinaus.
Suchst du mich zurechtzubiegen,
kenn ich mich erst gar nicht aus.
Später aber weiß ich dann:
Du hast alles rechtgetan.

In sicherer Hut

*Herr, wie sind doch deine Wege
steinig oft und voll Gefahr!
Trotzdem weiß ich: Ich bewege
mich doch stets und unsichtbar
von des Lebens Anbeginn
über alle die Stationen,
wo doch Tod und Teufel wohnen,
zu verführen meinen Sinn,
wunderbar von dir geleitet
zu dem Ziel des Lebens hin.*

Nützliche Belehrung

Lieber Gott, ich muß mich schämen,
mir gelingt kein Lachen mehr.
Viel zu oft muß ich mich grämen.
Ist das Lachen gar so schwer?
Sorgen, höre ich dich sagen,
willst du gerne mit mir tragen.
Trotzdem soll ich mich bezähmen
und mich nicht so wichtignehmen?

Danke, Herr, für deine Gunst,
denn du lehrst mich Lebenskunst.

Standfest

*Herr, du hast mich flügellos,
nur mit nackten Füßen
dieser Erde überstellt.
Muß ich durch dies bittere Los
meine schönsten Träume büßen:
bis hinauf zum Himmelszelt
wie ein Vogel mich zu schwingen,
um dort oben dich zu loben,
dir ein frohes Lied zu singen?*

*Doch du hast mir eingegeben
längst den wahren, tiefen Sinn:
Bin verwurzelt mit dem Leben,
fliege nicht nur drüber hin.*

Gipfel - Erlebnis

Lieber Gott, wie ist es schön,
hoch auf einem Berg zu stehn,
wenn durch Anstrengung und Kraft
ich den Aufstieg hab geschafft:
Unter mir die Welt zu Füßen,
neben mir die Bergesriesen,
fern der Lärm und das Gewimmel,
über mir der weite Himmel.
Rings umher die große Stille,
drin verborgen, Herr, dein Wille:
Worte müssen nicht mehr sein,
denn ich bin mit dir allein.

Rückbesinnung

Herr, wo ist die Zeit geblieben,
die du mir gegeben hast?
Hat sie mich nur aufgerieben,
ist der Tag so schnell verblaßt?

Keine Zeit vor lauter Eile
für Besinnung auf das Wahre?
Und nicht mehr die kleinste Weile,
daß ich mich noch selbst erfahre?
Für die Zeit, o Herr, zum Beten
wurde es mir oft zu spät.
Ist vielleicht mein ganzes Leben
selber Bitt- und Dank-Gebet?

Einwilligung

*Lieber Gott, ich muß es lernen,
dieses stille Einverstandensein,
wenn der Tag sich will entfernen
und der Abend bricht herein,
daß dann all die guten Gaben,
die du mir in frohen Zeiten
reichlich hast geschenkt,
langsam wieder mir entgleiten,
sanft von dir zurückgelenkt:
Wie die Kraft der jungen Jahre,
so der Augen ungetrübter Blick
und der Ohren wunderbare
Fähigkeit: Sprache hören und Musik.
Laß mir, Herr, noch eine Weile
das Erinnern an die schöne Zeit
und, solang ich hier verweile,
das Gefühl der Dankbarkeit!*

Vor dem Jahreswechsel

*Herr, es naht ein neues Jahr,
doch ich nehm's gelassen.
Weiß noch gut, wie's alte war,
konnt' mich stets auf dich verlassen.
Neues Jahr setzt Fragezeichen,
ruft Bedenken auf den Plan.
Doch es soll als Trost mir reichen,
daß ich dir vertrauen kann.*

In Demut

Ich weiß, o Herr,
verfolgst du unsre Erdenspur,
so gibt es viel für dich zu tun.
Doch mir dagegen schadet's nur,
mich allzu häufig auszuruhn.
So will ich freudig mich erheben,
um meinem Leben Sinn zu geben
als treu ergebner Helfer dein
und es dem Dienst am Menschen weih:
Will Sehnsucht und will Hunger stillen,
will trösten, ganz nach deinem Willen,
will tragen helfen Last und Menschenleid,
von dir begleitet durch die Dunkelheit.

Gebet um Frieden

*Lieber Gott, von allen Taten,
die du uns hast angeraten
als die Krönung unsrer Pflicht,
schaffen wir den Frieden nicht.*

*Sag, woran mag es wohl liegen
und was ist der eigentliche Grund,
daß es stets zu neuen Kriegen
kommt, die Welt wird nicht gesund?*

*Laß uns doch von unsrem Ziel,
Herr, nicht weiter noch entfernen,
halt uns ab vom bösen Spiel,
laß uns endlich Frieden lernen!*

*Mach mit Streit und Feindschaft Schluß,
laß die Sehnsucht sich erfüllen,
lehre uns den Friedenskuß,
stärke unsren guten Willen!*

Allgegenwärtig

Wie schön ist's, lieber Gott, zu wissen,
wenn wir die Wege wechseln müssen
und uns die Reise führt
vielleicht einmal weit fort:
Du wohnst, o Herr, an jedem Ort.
Und niemals sind wir ganz allein,
und nirgendwo ist gnadenlose Fremde.
Denn immer werden bei uns sein,
um uns zu segnen, deine Hände,
um uns das Haus der Hoffnung neu zu bauen,
wenn wir nur zuversichtlich sind
und dir, o Herr, vertrauen.

Die beliebten Gedichtbände von Elli Michler

Was du brauchst, ist Zuversicht
Dorothee Schwarz liest
Gedichte von Elli Michler
Hörbuch, Spielzeit 58 Minuten
ISBN 3-7698-1496-7

Die Liebe wird bleiben
Gedichte auf dem Weg
durch die Trauer
64 Seiten, Farbfotos, gebunden
ISBN 3-7698-1481-9

Ich wünsche dir Zeit
Die schönsten Gedichte
von Elli Michler
2. Aufl., 120 Seiten,
Farbfotos, gebunden
ISBN 3-7698-1409-6

Alles wandelt die Zeit
Gedichte über das Bleibende
68 Seiten, Farbfotos, gebunden
ISBN 3-7698-1352-9

Dir zugedacht
Wunschgedichte
19. Aufl., 56 Seiten,
Farbfotos, gebunden
ISBN 3-7698-0625-5

Meine Wünsche begleiten dich
Neue Wunschgedichte
4. Aufl., 64 Seiten,
Farbfotos, gebunden
ISBN 3-7698-1133-X

Die Jahre wie die Wolken gehn
Getrost in
den Lebensabend
9 Aufl., 80 Seiten,
Farbfotos, gebunden
ISBN 3-7698-0572-0

Ich wünsche dir ein frohes Fest
Gedichte und Geschichten
zur Weihnachtszeit
6. Aufl., 64 Seiten,
Farbfotos, gebunden
ISBN 3-7698-0786-3

Dein ist der Tag
Ermutigung zum Leben
4. Aufl., 64 Seiten,
Farbfotos, gebunden
ISBN 3-7698-0705-7